सफ़र - खुद से खुद तक

बस एक खेल ही तो है...

AF509960

शिवांशु मिश्रा

Copyright © Shivanshu Mishra
All Rights Reserved.

This book has been self-published with all reasonable efforts taken to make the material error-free by the author. No part of this book shall be used, reproduced in any manner whatsoever without written permission from the author, except in the case of brief quotations embodied in critical articles and reviews.

The Author of this book is solely responsible and liable for its content including but not limited to the views, representations, descriptions, statements, information, opinions and references ["Content"]. The Content of this book shall not constitute or be construed or deemed to reflect the opinion or expression of the Publisher or Editor. Neither the Publisher nor Editor endorse or approve the Content of this book or guarantee the reliability, accuracy or completeness of the Content published herein and do not make any representations or warranties of any kind, express or implied, including but not limited to the implied warranties of merchantability, fitness for a particular purpose. The Publisher and Editor shall not be liable whatsoever for any errors, omissions, whether such errors or omissions result from negligence, accident, or any other cause or claims for loss or damages of any kind, including without limitation, indirect or consequential loss or damage arising out of use, inability to use, or about the reliability, accuracy or sufficiency of the information contained in this book.

Made with ♥ on the Notion Press Platform
www.notionpress.com

समर्पण

उन सभी सपनों के नाम,
जो पूरे तो नहीं हुए...
लेकिन शायद वही मुझे सबसे ज्यादा बदल गए।

Dedication

To all those dreams
that never truly came true...
but somehow changed me the most.

क्रम-सूची

पावती (स्वीकृति)

पावती

उन सभी लोगों का धन्यवाद
जिन्होंने मेरे सफर में कभी साथ दिया,
कभी समझा...
और कभी सिर्फ चुपचाप सुना।

और सबसे बड़ा धन्यवाद cricket को...
जिसने हर बार गिरकर भी संभलना सिखाया।

Acknowledgement

Thank you to everyone
who stood by me during this journey,
who understood me...
or sometimes simply listened in silence.

And the biggest thanks to cricket...
for teaching me how to rise every time I fell.

प्रस्तावना – एक सफर की शुरुआत

प्रस्तावना – एक सफर की शुरुआत

कुछ कहानियाँ कभी लिखी नहीं जातीं,
वो बस जी ली जाती हैं।
कुछ अहसास कभी समझाए नहीं जाते,
वो बस महसूस किए जाते हैं।
और कुछ सफर ऐसे होते हैं,
जो शुरू तो बाहर से होते हैं,
पर खत्म होते हैं... खुद के भीतर कहीं।

ये किताब वैसी ही एक कोशिश है।
शब्दों के ज़रिए खुद से मिलने की।
ज़िन्दगी के उन टुकड़ों को जोड़ने की,
जो कभी अधूरे लगे,
कभी बोझ बने,
और फिर एक दिन... जवाब भी बन गए।

मैंने इस किताब में किसी एक genre की सीमाओं में नहीं बंधा।
कभी एक कविता, कभी एक बात, कभी एक क़िस्सा...
जैसा महसूस हुआ, वैसा लिखा।
शायद इसमें तुम खुद को देख सको,
या शायद खुद से मिलने की हिम्मत पा सको।

"Safar – Khud Se Khud Tak" कोई किताब नहीं है –
ये एक आईना है,
जो हो सकता है कि तुम्हारा चेहरा ना दिखाए,
मगर तुम्हारी रूह ज़रूर छू जाए।

1

खाली डायरी के पन्ने

कभी कभी सबसे ज्यादा शोर वहां होता है,
जहां शब्द नहीं होते।

मेरे पास एक पुरानी डायरी है — भरी हुई नहीं,
बल्कि खाली।
हर पन्ना एक खामोश चीख है,
जो शायद कभी आवाज़ नहीं बन पाई।

"कितनी बार लगा कुछ लिखूं,
कुछ कहूं... कुछ महसूस करूं,
पर हर बार वो कलम रुक गई
क्योंकि डर था...
शायद कोई पढ़ न ले।
कभी खुद से भी डर लगता था —
कि अगर सच में सब लिख दिया,
तो क्या मैं खुद को बर्दाश्त कर पाऊंगा?"

कभी यूं लगा कि ये ख़ामोशी ही मेरी ज़ुबान है,
और ये खाली पन्ने —
मेरे सबसे वफादार गवाह।

"शब्द तो बहुत हैं, पर जुबां चुप है,
दिल कुछ कहता है, पर कलम रुक है,

एक डायरी है, जो बस सुनती है,
वो हर बात... जो मैं कभी कह नहीं पाया।"

2

नाम से पहले क्रिकेट

बचपन किसी के लिए यादों का पिटारा होता है,
मेरे लिए... एक सफर, जिसमें हर मोड़ पर कुछ अलग सीखने को मिला।

> *"हालात आसान नहीं थे — पर मैं ठीक था।*
> *ना कोई खुशी पूरी थी, ना ग़म कभी पूरा।*
> *घर का माहौल थोड़ा संकुचित था... पर माँ थी, बहनें थीं — और एक खुशी थी... क्रिकेट।"*

नाम लिखने से पहले बैट पकड़ा था,
स्पेलिंग अपनी गलत लिखी, पर क्रिकेट का नाम कभी नहीं भूला था।
छठी कक्षा तक तबीयत ठीक नहीं रहती थी,
पर मैं फिर भी हर चीज़ में हिस्सा लेने की कोशिश करता था।
स्कूल में अंग्रेज़ी समझने में दिक्कत होती थी,
और लोग ताने देते थे — लेकिन मैं हर बात को दिल पर नहीं लेता था।
शायद तभी से आदत थी खुद से बातें करने की।

> *"ज़िंदगी के सिलेबस में सब कुछ था,*
> *सिर्फ सुकून और समझ कम थी।*
> *पर उस भीड़ में भी एक चेहरा था,*
> *जो हर दिन मुस्कुराता था — माँ।"*

माँ ने फीस भरी, कभी किसी से शिकवा नहीं किया।
बहनें अपना दर्द खुद में समेटे रहीं, और मुझे भी संभालती रहीं।
मैं भी वक़्त के साथ बदलने लगा — पर एक चीज़ थी जो कभी नहीं बदली — मेरा क्रिकेट से प्यार।

जब कुछ समझ नहीं आता था,
तो मैं एक मैच अपने मन में खेलता था,
और खुद को पिच पर देखता था — ग्लव्स के पीछे, आत्मविश्वासी और आज़ाद।

3

माँ – एक ही तो थीं

कभी-कभी लगता है माँ से ज़्यादा मुझे कोई जानता ही नहीं...
और कभी लगता है, शायद मैंने ही उन्हें सबसे कम समझा।

बचपन में समझ ही कहाँ थी,
छोटी-छोटी बातों में जिद, और उस जिद में माँ को दुखी कर देना –
ये सब चलता रहा... तब तक जब तक कुछ बातें सीधी दिल में उतर नहीं गईं।

> *"एक बार की बात है –*
> *हम नानी के घर थे, मैं छोटा था।*
> *माँ की तबियत अक्सर ठीक नहीं रहती थी, कई ऑपरेशन झेल चुकी थीं।*
> *मैं बाहर खेलकर आया और गंदे पाँव लेकर बिस्तर पर चढ़ गया।*
> *माँ ने कुछ कहा, पर मैंने सुना नहीं –*
> *वो थोड़ा तेज़ बोलीं, शायद थक चुकी थीं।*
> *तभी नानी – जो देवी जैसी थीं, जिनकी गोद में सुकून था –*
> *पहली और आख़िरी बार बोलीं:"*

"ओके परेशान मत करा।"

उस दिन उनके चेहरे की उदासी और आँखों का दर्द आज तक नहीं भूला। वो बात माँ के लिए थी, और मेरा व्यवहार उस वक़्त उनकी तकलीफ़ की वजह बन रहा था।
तब पहली बार महसूस हुआ –
माँ को कभी मेरी वजह से परेशान नहीं होना चाहिए।

फिर एक और याद — अगस्त 2007 की।

CBSE बोर्ड छोड़कर UP बोर्ड में एडमिशन लेना पड़ा था,
क्योंकि अब फीस भरना नामुमकिन था।
नया स्कूल, नया माहौल — और वहाँ हर महीने टेस्ट होते थे।
अगले दिन संस्कृत का टेस्ट था।
संस्कृत मेरी सबसे कमज़ोर भाषा थी — अंग्रेज़ी से भी बुरी।
माँ — जो कभी खुद अध्यापिका थीं —
रात भर कोशिश करती रहीं, मुझे श्लोक याद कराने की:

"सीता स्मरोपित वाम भागम्..."

पर मैं भूलता रहा।
आख़िर में माँ ने गुस्से में एक थप्पड़ मारा —
और आज भी वो थप्पड़ याद है।
क्योंकि उसमें सिर्फ़ गुस्सा नहीं था — एक उम्मीद थी, एक विश्वास था... अरे, मैं ही तो उनकी आस था।

2010 की अगस्त की सुबह थी,

हम इलाहाबाद में मासी के हॉस्टल जा रहे थे।
सुबह के 4–5 बजे स्टेशन पर उतरे थे, सब थके हुए थे।
मैं कुछ माँग रहा था या कुछ कह रहा था — याद नहीं।
पर इतना साफ़ याद है कि माँ थककर, उलझकर, हल्के-से गुस्से में बोलीं:

"तुमको कहीं ले जाने लायक नहीं है।"

वो शब्द किसी डाँट से ज़्यादा असर कर गए।
एक लम्हे में जैसे आइना दिख गया —
कि अगर कहीं जाना है, तो ज़िम्मेदारी उठानी होगी।
ख़ुद बोझ नहीं बनना है — बल्कि ख़ुद को संभालना है।

> *"माँ से सीखा सबसे बड़ा पाठ यही था:*
> *सिर्फ़ दुनिया में नहीं, घर में भी काबिल बनना पड़ता है।*
> *माँ हर बार नहीं समझाती —*
> *पर जब समझाती हैं... तो उम्र भर के लिए समझा जाती हैं।"*

"शुरुआत के दिनों की एक तस्वीर"

4

रूह में बसा एक खेल

ये खेल सबसे पहले मैंने शायद तब खेला था जब मैं सिर्फ़ 3 साल का था। घर में मामा बैट और बॉल लाए थे। किचन के दरवाज़े को स्टंप बनाया गया था। मामा ने बॉल फेंकी और मैं बैट को ही देखता रह गया, बॉल निकल गई। तब मामा बोले — "बॉल की तरफ़ देखो तब लगेगा।" और शायद वहीं से इस खेल में कुछ अलग लगने लगा — कि वाह! क्या बात है... मारना बैट से है लेकिन देखना बॉल को है। कुछ अलग ही सिस्टम है। ये आश्चर्य कब इश्क़ में बदल गया, पता ही नहीं चला।

क्लास 5वीं में मेरा नाम बदला गया था। नए नाम की स्पेलिंग 9 अक्षरों की थी, उसे याद करने में मुझे 6 महीने लग गए। लेकिन उसी दौरान मुझे 1500 से ज़्यादा क्रिकेटर्स के नाम याद थे।

ये खेल बहुत जल्दी बहुत कुछ और फिर सब कुछ बन गया मेरे लिए। जब खेलता, तो लगता सब कुछ ठीक है। पर जैसे ही मैदान से बाहर आता, ज़िंदगी फिर पलट जाती थी।

स्कूल में पढ़ाई समझ नहीं आती थी, घर में माहौल उलझा हुआ, बाहर दोस्त नहीं... लेकिन खेल का मैदान — वो बहुत आसान लगता था।

वक़्त लगा, पर धीरे-धीरे मैंने खेल को ज़िंदगी और ज़िंदगी को ही इस खेल में बदल दिया। सोचा — *अगर ये खेल मेरी समझ में आता है, तो ज़िंदगी भी अब इसी खेल की तरह जी लूंगा।*

"और फिर वही हुआ — बहुत जल्दी बहुत कुछ बदल गया। चाहे स्कूल में टीचर्स हों, रिज़ल्ट बुक के नंबर हों, दोस्त हों या घरवाले। जो पहले 40 बच्चों में 37वें या 38वें नंबर पर आता था, अब उससे घर में डांट इसलिए पड़ती थी कि "2nd क्यों आए हो? दो नंबर और लाते तो टॉप कर जाते।""

Cricket मेरे लिए भगवान की तरह रहा है, या यूँ कहूँ कि एक सच्चा दोस्त, एक गुरु, एक ऐसा हमसफ़र जो हर वक़्त मेरे साथ रहा — जब कोई और नहीं था। ***ये खेल मेरे शरीर में नहीं, मेरी रूह में बसा है।***

बहुत वक़्त तक ज़िंदगी कहीं भी ठीक से नहीं चल रही थी। न पढ़ाई में, न रिश्तों में, न हालातों में। बस *cricket* था जो हर बार थाम लेता था। वही अकेला था जो बिना मुझसे कुछ लिए, मुझे हर बार कुछ दे जाता था।

फिर समझ आया — क्यों न ज़िंदगी को ही cricket बना लूँ? या cricket को ही ज़िंदगी?

जैसे एक match में आप batsman हो, और आपकी team के 4-5 विकेट जल्दी गिर गए हों... अब वही पल होता है जब आपको संभालना होता है। हौसला रखना होता है। वही मैंने अपनी ज़िंदगी में किया।

हर बार जब कुछ बड़ा गिरा, कुछ टूटा... तो खुद से बस एक बात कही — "अभी तो मैं crease पर हूँ।"

Cricket ने मुझे सिखाया कि सिर्फ चौके-छक्के ही ज़रूरी नहीं होते, कभी-कभी एक टिककर खेली गई पारी भी मैच जिताती है। वही पारी मैंने अपनी ज़िंदगी में खेली।

कुछ पारियों ने बहुत कुछ सिखा दिया। मैदान की कुछ कहानियाँ आज भी दिल से जुड़ी हैं। मुझे याद है जब लोग कहते थे — "Dravid की तरह tuk tuk करता है ये..."

उन्हीं लोगों को एक दिन कहते सुना — "बिलकुल Dravid की तरह खड़ा हो जाता है crease पर, out ही नहीं होता... सही दीवार है ये तो।"

ये बातें दिल को सीधा छूती थीं।

Cricket ने सिखाया — हर गेंद ज़रूरी नहीं चौका हो, पर हर गेंद खेली जा सकती है।

Cricket ने सिखाया — कभी-कभी हार कर भी जीत होती है। और हर हार के बाद एक नई इनिंग आती है।

Cricket ने सिखाया — मैदान में खड़े रहना ही सबसे बड़ी जीत होती है।

आज जब पीछे देखता हूँ तो एक बात साफ समझ आती है — जो कुछ भी सीखा, जो कुछ भी बना... वो cricket की वजह से ही मुमकिन हुआ।

5

चुपचाप दिये गये सपने

Cricket मेरा सपना था, मेरा सहारा था।
लेकिन सपनों की इस दौड़ में एक दिन अचानक महसूस हुआ कि अब सिर्फ दौड़ना ही काफी नहीं है — अब किसी के लिए जीतना भी है।

घर के हालात वैसे ही थे — जैसे एक कमजोर पिच पर मैच खेलना। हर बॉल संभलकर खेलनी थी।
माँ का संघर्ष अब सिर्फ कहानियों जैसा नहीं था, अब वो हर दिन सामने था।
पढ़ाई, घर के खर्चे, उम्मीदें — सब कुछ धीरे-धीरे मेरे सपनों के हिस्से बन रहे थे।

> *"कई बार मन होता था बस बल्ला उठाऊँ और दौड़ जाऊँ मैदान की तरफ,*
> *लेकिन हर बार माँ की थकी आँखें रोक लेती थीं।*
> *उन आँखों में कोई मजबूरी नहीं थी — बस एक उम्मीद थी।*
> *एक यकीन कि "ये करेगा, सब ठीक करेगा।""*

सपने सिर्फ मेरे नहीं थे — घर के हर सदस्य के थे।
लेकिन हालातों ने हम सबको बदल दिया था।

माँ के आशीर्वाद, माँ के त्याग के साथ — एक और चुपचाप बलिदान था — मेरी दीदी का।
उन्होंने भी अपने सपने देखे थे।
लेकिन वक़्त और हालात के आगे सिर झुकाकर, उन्होंने भी वो सब किया जो

हमारे लिए सही था।
अपना सपना छोड़कर, हमें बचाए रखने का सपना चुन लिया था।

वो भी तो पढ़ सकती थीं, आगे बढ़ सकती थीं।
लेकिन वो सालों तक एक ऐसी जगह पढ़ती रहीं जहाँ उनकी मेहनत के बदले एक रुपया भी नहीं मिला।
सिर्फ इसलिए कि हमारे घर का थोड़ा-बहुत खर्च चलता रहे।
उनका अपना कोई सवाल नहीं था, कोई शिकायत नहीं थी — बस एक मुस्कुराहट थी, और एक कोशिश थी कि हमारा सफर रुक न जाए।

उनकी आँखों में भी कभी-कभी एक अधूरी उड़ान झलकती थी,
लेकिन उन्होंने अपनी उड़ान रोक दी थी — *ताकि मैं उड़ सकूँ।*

यही वो पल थे जब समझ आया कि
अब मेरा हर सपना, माँ और दीदी के विश्वास से जुड़ा है।
अब हार सिर्फ मेरी नहीं होगी।
अब हारने का मतलब होगा — उनकी थकी आँखों में एक और इंतज़ार भर जाना।

शायद इसी वजह से, cricket के मैदान से बाहर भी टिकना सीख लिया था।
सपने देखना सीखा था — मगर जिम्मेदारियों के साथ।

अब तक का सफ़र — एक छोटी सी दास्तान

कुछ कहानियाँ लिखी नहीं जातीं,
बस जी जाती हैं।
और शायद यही वजह है कि ये किताब किसी लेखक की नहीं,
एक ऐसे लड़के की लगती है
जो ज़िंदगी को समझने से पहले ही
उसे जीना सीखने पर मजबूर हो गया था।

बचपन कोई फ़िल्मी कहानी नहीं था।
न बहुत चमक थी,
न खिलौनों से भरे कमरे।
पर फिर भी उस बचपन में कुछ था —
माँ की थकी हुई मुस्कान,
बहनों की चुप रहकर निभाई गई जिम्मेदारियाँ,
और एक खेल...
जो धीरे-धीरे साँसों में उतरता चला गया।

हालात हमेशा आसान नहीं थे।
बीमारी थी,
घर की उलझनें थीं,
पढ़ाई समझ नहीं आती थी,
लोगों के ताने थे।
पर इन सबके बीच एक छोटा-सा लड़का
हर शाम किसी मैदान में जाकर
थोड़ा मुस्कुरा लिया करता था।

उसे तब नहीं पता था कि
जिस बल्ले को वो पकड़ रहा है,
वो सिर्फ लकड़ी नहीं –
उसकी पूरी ज़िंदगी बनने वाला है।

"*एक दिन kitchen का दरवाज़ा* **stumps** *बना,*
मामा ने गेंद फेंकी,
और वो बच्चा गेंद छोड़कर बल्ले को ही देखता रह गया।
मामा बोले –
"Ball की तरफ देखो, तभी लगेगा।""

शायद वहीं से ज़िंदगी ने भी पहला सबक दे दिया था –
मारना कहीं और है,
पर नज़र हमेशा सच पर रखनी पड़ती है।

वो हैरानी...
धीरे-धीरे मोहब्बत बनी,
फिर आदत,
और फिर वही खेल उसकी रूह में उतर गया।

नाम बदल गया था उसका,
नई spelling याद करने में महीनों लग गए,
पर उसी उम्र में हजारों **cricketers** के नाम ज़ुबान पर थे।
शायद इसलिए क्योंकि
कुछ चीज़ें दिमाग से नहीं,
दिल से याद होती हैं।

मैदान पर सब आसान लगता था।
वहाँ कोई ताना नहीं था,

कोई comparison नहीं था,
न घर का तनाव,
न भविष्य का डर।
बस bat, ball और एक अजीब-सा सुकून।

पर मैदान से बाहर आते ही
ज़िंदगी फिर अपनी असली चाल चलने लगती थी।

*"धीरे-धीरे उसने एक अजीब चीज़ समझ ली —
अगर cricket समझ में आता है,
तो शायद ज़िंदगी भी समझी जा सकती है।"*

फिर उसने हर मुश्किल को मैच की तरह देखना शुरू कर दिया।

जब हालात खराब होते,
वो सोचता —
"3 विकेट जल्दी गिर गए हैं...
पर मैं अभी crease पर हूँ।"

जब लोग मज़ाक उड़ाते —
"Dravid की तरह tuk tuk करता है..."
तब वो चुप रहता।

और एक दिन वही लोग बोले —
"Out ही नहीं होता...
सही दीवार है ये तो।"

शायद कुछ लोग देर से समझते हैं,
पर समझते ज़रूर हैं। लेकिन इस सफ़र में
सिर्फ उसका संघर्ष नहीं था।

एक माँ थी...
जिसने खुद टूटकर भी
अपने बच्चों को टूटने नहीं दिया।

एक नानी थीं,
जिनकी एक छोटी-सी बात
आज तक दिल में गूंजती है —
"ओके परेशान मत करा।"

एक थप्पड़ था,
जो गुस्से से ज़्यादा उम्मीद का था।
एक विश्वास था कि
"अरे... यही तो मेरी आस है।"

और फिर वो सुबह...
इलाहाबाद स्टेशन वाली।
जहाँ पहली बार समझ आया कि
ज़िंदगी में कहीं जाना है
तो बोझ नहीं,
ज़िम्मेदार बनना पड़ता है।

और इन सबके बीच
कुछ सपने ऐसे भी थे
जो कभी बोले ही नहीं गए।

बहनों के सपने।
खासकर उस दीदी के,
जो खुद उड़ सकती थीं
पर उन्होंने अपने पंख मोड़ लिए
ताकि घर की छत टिकी रहे।

वो सालों तक पढ़ाती रहीं
एक ऐसी जगह
जहाँ मेहनत की कीमत पैसे में नहीं मिलती थी।
बस घर का खर्च somehow चलता रहे –
यही काफी था।

उन्होंने अपने हिस्से का आसमान छोड़ दिया...
ताकि उसका आसमान छोटा न पड़ जाए।

अब जब वो पीछे मुड़कर देखता है,
तो उसे समझ आता है कि
उसकी कहानी सिर्फ उसकी नहीं थी।

उसमें माँ की अधूरी नींदें थीं,
बहनों की चुप्पियाँ थीं,
नानी की दुआएँ थीं,
और cricket का वो मैदान था
जहाँ एक बच्चा
धीरे-धीरे आदमी बनना सीख रहा था।

"ये किताब किसी successful इंसान की कहानी नहीं है।
ये उस सफ़र की कहानी है
जहाँ इंसान हर दिन थोड़ा टूटता है,
थोड़ा सीखता है,
और फिर अगली गेंद खेलने के लिए
फिर से crease पर खड़ा हो जाता है।"

और शायद इसीलिए—
उसके लिए आज भी

नाम से पहले

Cricket आता है।

6

क्रिकेट की सीख और ज़िंदगी की जीत

सच कहूँ तो
मैंने ज़िंदगी को कभी सीधे-सीधे नहीं समझा।
मुझे लोगों की बातें कम समझ आईं,
लेकिन एक bat और ball के बीच की बातचीत हमेशा समझ आती रही।

> *"जो भी सीखा,*
> *cricket से सीखा।*
> *Cricket देखकर,*
> *cricket खेलकर,*
> *cricket के बारे में सोचकर,*
> *cricket के लिए तरसकर।"*

शायद इसलिए क्योंकि
कुछ लोगों के लिए ये खेल होता है,
और कुछ लोगों के लिए
ये जीने का तरीका बन जाता है।

मेरे लिए **cricket** वही था

Cricket ने मुझे धैर्य सिखाया।

ये सिखाया कि
हर गेंद चौका नहीं होती।
कुछ गेंदें बस छोड़नी पड़ती हैं।
कुछ को समझना पड़ता है।
कुछ पर वक्त देना पड़ता है।
ठीक वैसे ही जैसे ज़िंदगी में।
एक bowling pitch पर
अगर आप शुरुआत में ही बेचैन हो जाओ
तो अच्छी गेंद आपको जल्दी out कर देती है।
वहीं अगर थोड़ा रुक जाओ,
वक्त को वक्त दे दो,
तो वही pitch धीरे-धीरे आसान लगने लगती है।
ज़िंदगी भी कुछ ऐसी ही निकली।
बहुत बार लगा कि
अब नहीं होगा।
अब शायद सब खत्म है।
लेकिन cricket ने सिखाया था —
"रुक जाओ... innings अभी बाकी है।"

Cricket ने साहस सिखाया।

डर तो हर खिलाड़ी को लगता है।
145km/h की गेंद सामने देखकर
किसी का भी दिल तेज़ धड़क सकता है।
लेकिन असली खिलाड़ी वो नहीं

जिसे डर नहीं लगता,
असल खिलाड़ी वो है
जो डर के बाद भी crease पर खड़ा रहता है।
    ज़िंदगी में भी यही किया।
    कई बार हालात इतने खराब थे
कि अंदर से सब टूट चुका था।
लेकिन चेहरे पर मुस्कान रखकर
मैदान में उतरना
मैंने cricket से सीखा था।

Cricket ने दिलेरी सिखाई।

अड़ जाना सिखाया।
ज़रूरत पड़े तो लड़ जाना सिखाया।
और सबसे बड़ी बात —
हार ना मानना सिखाया।
    क्योंकि कुछ मैच
सिर्फ talent से नहीं जीते जाते,
कुछ मैच सिर्फ जिद जीतती है।
    वही जिद धीरे-धीरे
ज़िंदगी में उतरती चली गई।

धीरे-धीरे समझ आया कि
आपकी चाहत से ये तय नहीं होता
कि आपको क्या मिलेगा।
    आपकी हिम्मत,
आपका धैर्य,
आपका साहस
और कभी-कभी आपकी किस्मत तय करती है

कि आख़िर में आपके हिस्से क्या आएगा।
क्योंकि हर अच्छा batsman
हर match में century नहीं बनाता।
और हर संघर्ष करने वाला इंसान
हर बार हारता भी नहीं।

Pressure...

शायद यही वो चीज़ है
जिसने मुझे सबसे ज़्यादा बदला।
कई ऐसी पारियाँ खेली हैं
जहाँ सब कुछ आप पर टिका होता है।
या फिर ऐसा लगता है
कि अब आपसे किसी को कोई उम्मीद ही नहीं बची।
लेकिन जब आप वहाँ से match जिता देते हो...
या कम से कम उसे आख़िरी गेंद तक ले जाते हो...
तो वो सिर्फ score नहीं होता।
वो आपके अंदर की
दबाव सहने की ताकत होती है।
चाहे मैदान cricket का हो
या ज़िंदगी का।
मुझे आज भी याद है
जब हाथ में bottle लगी थी।
Report पर migraine pain लिखा था।
Dengue था।
लेकिन फिर भी
मैं मुस्कुराते हुए exam hall में चला गया।
Copy में pen की स्याही के साथ
खून ने भी अपना अंश छोड़ा था।

आज सोचता हूँ तो लगता है
वो सिर्फ exam नहीं था।
वो भी एक innings थी।
कुछ लोगों के लिए
वो बस एक paper रहा होगा।
लेकिन मेरे लिए...
मानो सब कुछ दाँव पर था।
ठीक वैसे ही
जैसे कुछ पारियाँ
दुनिया के लिए सिर्फ scorecard होती हैं,
लेकिन खिलाड़ी के लिए पूरी ज़िंदगी।
कई बार ऐसा भी हुआ
कि match लगभग खत्म था।
सबको लग रहा था हार तय है।
लेकिन पता नहीं क्यों
मुझे हमेशा लगता था —
"जब तक मैं crease पर हूँ,
तब तक कुछ भी हो सकता है।"
शायद यही उम्मीद
धीरे-धीरे मेरी पहचान बनती चली गई।

ज़िम्मेदारी...

कुछ लोग ज़िम्मेदारियाँ उठाते हैं,
और कुछ लोग
ज़िम्मेदारियों के साथ पैदा होते हैं।
मैं शायद दूसरी तरफ था।

"लोगों ने मेरा इंतज़ार
मेरे आने से पहले ही शुरू कर दिया था।
ताकि मेरी परछाईं से भी पहले

ज़िम्मेदारियाँ मेरे गले बाँधी जा सकें।"

शायद इसी वजह से
cricket में भी
मेरे **captains** मुझे इसी रूप में पसंद करते थे।
ज़िम्मेदार batsman।
ज़िम्मेदार keeper।
ज़िम्मेदार सलाहकार।
ज़िम्मेदार खिलाड़ी।
और जिसने ज़िंदगी जीना ही
cricket से copy किया हो,
उसे ये पता ही नहीं चला
कि उसने ज़िम्मेदारियाँ उठाना भी
कब copy कर लिया।
मुझे ज़िम्मेदारी पसंद है।
चाहे cricket हो
या ज़िंदगी।
क्योंकि ज़िम्मेदारी
सिर्फ बोझ नहीं होती।

"वो एहसास होती है
कि आप ज़िंदा हो।
आप ज़रूरी हो।
किसी के लिए
आपके होने के मायने हैं।"

लेकिन ***consistency...***

ये सबसे मुश्किल चीज़ निकली।

अच्छा इंसान होना अलग बात है।
अच्छा खिलाड़ी होना अलग बात है।
धैर्यवान होना, साहसी होना,
दलेर होना — ये सब अलग बातें हैं।
लेकिन हर रोज़ वही बने रहना...
हर बार टूटकर
फिर से खड़ा होना...
ये सबसे कठिन है।

कई रातें ऐसी थीं
जहाँ अंदर से सब बिखर चुका था।
लेकिन अगली सुबह
फिर खुद को जोड़कर
मैदान में उतरना पड़ता था।
कई ऐसी पारियाँ खेली हैं
जिन्हें अगर अखबार छापता
तो शायद "चमत्कारी" लिखता।
और अगर TV दिखाता
तो "अद्भुत" कह देता।
लेकिन हमारी कहानियाँ
हर बार चुप ही रह गईं।
कभी छप नहीं सकीं।
शायद इसलिए
आज भी लगता है
कि मैं पारियाँ खेल रहा हूँ।
बस फर्क इतना है कि
तब मैदान cricket का था,
अब ज़िंदगी का है।
लेकिन तरीका आज भी वही है।
वक्त खराब हो तो
थोड़ा रुक जाओ।

Pressure हो तो
साँस लो और टिके रहो।
सब साथ छोड़ दें
तो खुद का साथ मत छोड़ो।
और जब कुछ भी समझ ना आए...
तो बस खुद से इतना कह दो —
"अभी तो मैं crease पर हूँ।"

7

Dravid – दीवार और दिशा

जबसे ज़िंदगी याद आती है,
ऐसा लगता है तबसे ये नाम भी याद है –
Rahul Dravid।

और जबसे cricket समझ में आया,
तबसे Dravid समझ में आए।
कुछ खिलाड़ी पसंद आते हैं,

कुछ खिलाड़ी रोमांच देते हैं,
लेकिन कुछ खिलाड़ी
धीरे-धीरे आपकी सोच का हिस्सा बन जाते हैं।
मेरे लिए Dravid वही थे।

उनकी खामोशी...
उनका धैर्य...
विपरीत परिस्थितियों में भी
वैसा ही शांत स्वभाव...

ये सब एक साथ
एक ही इंसान में देखकर
उन्हें नज़रअंदाज़ कर पाने के लिए
मैं शायद बहुत छोटा था।
मुझे उनकी लगभग हर पारी याद है।
और ये भी याद है कि
जब वो batting करते थे
तो कई लोग उब कर TV बंद कर देते थे।
लेकिन मैंने school से भाग-भाग कर
उनकी पूरी-पुरी test innings देखी हैं।
क्योंकि मुझे उनमें
सिर्फ shots नहीं दिखते थे।
मुझे उनमें
इंसान दिखता था।
कुछ-कुछ अपने जैसे लगते थे वो।
ऐसा लगता था
जैसे उनके साथ-साथ
थोड़ा मैं भी खेल रहा हूँ।

"Australia वाली वो पारी...
जहाँ एक ही score पर
63 balls तक कोई run नहीं बना।"

फिर जब 1 run भागे
तो लोगों ने ताली बजाकर उनका मज़ाक बनाया।
और Dravid ने भी
हल्का सा bat दिखाकर
उसे मानो स्वीकार कर लिया।
जैसे वो कह रहे हों —

""हाँ...
अगर टीम के लिए ज़रूरी है,
तो ये भी ठीक है।""

फिर **Kolkata 2001...**
पूरा दिन crease पर खड़े रहकर
match बचाना।
Laxman के साथ वो साझेदारी
सिर्फ partnership नहीं थी।
वो धैर्य का महाकाव्य थी।
मेरे अपने ground पर भी
लोग मुझे "tuk tuk" बोलते थे।
वक़्त के साथ
"Dravid हो क्या?" कहकर चिढ़ाते थे।
लेकिन पता नहीं क्यों,
ये सुनकर मुझे बुरा कम
और यक़ीन ज़्यादा होता था।
क्योंकि जिससे मैं सीख रहा था,
अगर लोग उसी जैसा मुझे देख रहे हैं...
तो शायद मैं गलत नहीं खेल रहा।

वक़्त बीतता गया।
पहले अपनी team वाले बोलते थे।
फिर दूसरी team के bowlers भी कहने लगे —
"बिलकुल Dravid है ये..."
"Pitch पर जम ही जाता है।"
"Out ही नहीं होता।"
और धीरे-धीरे
हर ground की यही कहानी बनती गई।
मैंने कभी खुद से ये नाम नहीं जोड़ा।
लेकिन साथ खेलने वाले
हर दूसरे इंसान ने
कभी ना कभी

मुझे "Dravid" ज़रूर कहा।

धीरे-धीरे
लोग मज़ाक की जगह
खेल की कदर करने लगे।

और शायद ज़िंदगी में भी
ऐसा ही होता है।

जिसे आप सच में चाहते हो,
जिसे दिल से मानते हो,
उसे लोगों के सवालों से बचाने की ज़रूरत नहीं पड़ती।

क्योंकि आप जानते हो
आप गलत नहीं हो।

बाकी लोगों को समझने में
बस थोड़ा वक्त लगता है।

मेरे मन में
कभी सवाल नहीं आया।

क्योंकि हर बार
लोगों का वही "Dravid" कहना
मुझे और यक़ीन देता गया।

एक line
जो मैंने कभी सुनी थी,
आज तक दिल में बसी हुई है —

"Rahul Dravid being known as 'The Wall' is pretty spot on. 'The Fortress' could also describe him. Because once Rahul was set, you need a bowling equivalent of a dozen cannon blasting all at once to blast him down." – Shane Warne

("राहुल द्रविड़ को 'दीवार' कहना बिलकुल सही है। उन्हें 'किला' भी कहा जा सकता है। क्योंकि एक बार राहुल जम जाते थे, तो उन्हें गिराने के लिए एक दर्जन तोपों के बराबर गेंदबाजों की जरूरत पड़ती थी।" – शेन वार्न)

और शायद
मेरे लिए भी यही सच था।
मुझे भी तो
अपने लोगों के लिए
एक "दीवार" ही बनना था।
चाहे cricket हो
या ज़िंदगी।
हमें भी तो
आते हुए तोप के गोलों को
अपने लोगों तक पहुँचने से रोकना था।
शायद इसी वजह से
मैंने ज़िंदगी में
बहुत कम चीज़ें चुनीं।

लेकिन जिन्हें चुना...
उन्हें पूरी ज़िंदगी दे दी।
Cricket।
कुछ अपने लोग।
और Rahul Dravid।
बाकी चीज़ें
वक्त के साथ आती-जाती रहीं।
लेकिन कुछ नाम
सिर्फ पसंद नहीं होते...
वो दिशा बन जाते हैं।

8

वो पारी जो मैं कभी नहीं खेल पाया

सच कहूँ तो
मुझे शुरू से यही लगता था कि
ज़िंदगी शायद यही है — Cricket।

मुझे तो मैदान पर
ball boy बन जाने में भी खुशी मिल जाती।

मैंने इस खेल को
कभी पैसों से नहीं देखा।

> ***"मुझे बस खेलना था।***
> ***बस जीना था इस खेल को।***
> ***एक बार और।***
> ***एक शाम और।"***

कई teams पैसों वाले tournaments खेलती थीं।
और जब मेरे दिन अच्छे आए
तो उन्हीं teams ने
अपने players की जगह मुझे खिलाया।

शायद उन्हें results चाहिए थे।

लेकिन मुझे...
मुझे तो बस मैदान चाहिए था।

मैंने जब भी
ऐसी किसी team से
"Player of the Match" जैसा award जीता...
उसे हमेशा उस खिलाड़ी को दे दिया
जिसकी जगह मैं खेल रहा था।
क्योंकि अंदर कहीं लगता था
कि वो जगह मेरी थी ही नहीं।
मैं तो बस
कुछ देर के लिए
उस सपने को जीने आया था।

सालों तक
घर पर झूठ बोलकर tournaments खेले।
एक ऐसी ज़िंदगी जी
जो बहुत खूबसूरत थी...
लेकिन किसी को बता नहीं सकता था।
कभी *academy* नहीं गया।
क्योंकि *fees* भरने के पैसे नहीं थे।
लेकिन उन्हीं academies के लिए
matches बहुत खेले।
Trials भी दिए।
उन्हें results चाहिए थे।
और मुझे सिर्फ खेलना था।
फिर 12th के बाद
जब B.Tech की fees के लिए भी पैसे नहीं थे...
तब पहली बार
मुझसे पूछा गया —

> "*"Academy की fees कितनी होगी साल की?"*
> *और फिर कहा गया —*
> *"देखना... अगर कुछ हो पाए तो।"*"

उस दिन पहली बार
मुझे साफ समझ आया कि
ज़िंदगी की batting
मेरे लिए cricket की batting से
कहीं ज़्यादा मुश्किल pitch पर होने वाली है।
मैं academy का नाम भी नहीं दे पाया।
क्योंकि मुझे पता था —
4 साल में B.Tech पूरी हो जाएगी।
लेकिन cricket में
कब क्या होगा...
कोई नहीं जानता।
और शायद
मेरे पास इंतज़ार करने की luxury नहीं थी।

फिर भी...
B.Tech में जाकर भी
trials दिए।
Select भी हुआ।
लेकिन वहाँ कहा गया —

"*"Club से खेलना ज़रूरी है।"*
"Academy या coaching का certificate चाहिए।""

जो मेरे पास नहीं था।
और सच कहूँ तो
मुझे पहले से पता था
कि ऐसा ही होगा।
क्योंकि ये मैं पहले भी देख चुका था।
लेकिन फिर भी मैं गया।

क्योंकि मुझे selection से ज़्यादा
उस खेल में
एक दिन और जीना था।

मैं कभी अपनी पूरी **kit** नहीं खरीद पाया।
लेकिन पता नहीं क्यों
हर team अपनी kit
मेरे पास ही छोड़ देती थी।

शायद उन्हें पता था
कि मैं हमेशा उन्हीं के लिए खेलूँगा।

या शायद
मैंने इस खेल को भी
घर जैसा समझ लिया था।

फिर B.Tech first year में
दूसरी बार **dengue** हुआ।

कुछ लोगों को लगा
कि **exam** के डर की वजह से होगा।

इसी बीच एक phone आया।

कहा गया —

"Naman, mama ने बोला है कि मैंने उसे खेलते देखा है।
अगर खेलना है
तो बस एक साल दे दे।
U.P. team में select मैं करा दूँगा।
बाकी आगे जैसा खेलेगा वैसा।"

अच्छा लगा मुझे भी।

बहुत अच्छा।

लेकिन सिर्फ तब तक...

जब तक आगे उन्होंने ये नहीं कहा —

"बताओ अगर B.Tech नहीं हो पा रही है तो..."

बस।

उसके बाद

मेरा सिर्फ एक जवाब था —

"नहीं... ऐसी बात नहीं है।

हो जाएगी।"

शायद उस दिन

मैंने पहली बार

अपने सपने से नज़रें हटाईं।

और ज़िम्मेदारियों की तरफ देखा।

कई बार लगा

कि बहुत करीब आकर

बहुत दूर रह गया हूँ।

हर बार ऐसा लगता था

कि ये खेल भी चाहता है

कि मैं इसके आसपास रहूँ।

अगर मैं थोड़ी और कोशिश करूँ

तो शायद ये खेल भी

मेरी मदद कर दे।

किस्मत से।

जोश से।

किसी miracle से।

लेकिन हर बार

पीछे मुड़कर देखना पड़ता था।

और सामने से
cricket की bus को
ऐसे निकल जाने देना पड़ता था...
जैसे वो मेरी मंज़िल तक जाती ही नहीं।

लेकिन अब कोई मलाल नहीं है।
ना उस दूरी का।
ना हर बार
इतना करीब आकर
दूर रह जाने का।
क्योंकि सच तो ये है कि
ये खेल आज भी
मेरे अंदर बसा हुआ है।
जहाँ भी जाता हूँ
ये खेल मेरे साथ महकता है।

"बस अब
jersey के रंग बदल जाते हैं।
लोग कुछ कम हो जाते हैं।
और मैदान ऐसे हो जाते हैं
जहाँ कहानियाँ छुपती हैं...
छपती नहीं।"

लेकिन मुझे आज भी
बस इतना ही चाहिए —
एक बार और।
एक शाम और।

9

दूसरों से नहीं, खुद से रेस थी

देखो,
हम सबकी ज़िंदगी का हिस्सा रहा है ये सब।

> ***"“देखो उसके लड़के को...”***
> ***“उसने ये कर लिया...”***
> ***“इतने marks आ गए...”***
> ***“तुम क्यों नहीं कर पाते?”"***

ऐसे ही comparisons के बीच
मैं भी बड़ा हो रहा था।
मैं सीख रहा था। हालातों से।
Cricketसे।
हार से।
धीरे-धीरे खुद से।
और शायद बदल भी रहा था।
अब तक कुछ-कुछ
मैं वो बनने लगा था
जिसका उदाहरण

लोग अपने बच्चों को देने लगें।

लेकिन ज़िंदगी की मज़ेदार बात ये है कि
कुछ लोग
आपके अच्छे होने के बाद भी
आपको छोटा महसूस करवाने का तरीका ढूँढ ही लेते हैं।
शायद चिंता में।
शायद आदत में।
शायद तुलना करने की पुरानी बीमारी में।
मेरे लिए भी ऐसा ही रहा।
2nd division से
*class में **2nd rank** तक का सफर तय हुआ।*
लेकिन ताने...
वो नहीं बदले।

English कभी मेरी दोस्त नहीं बन सकी।

और इसका भी
भरपूर इस्तेमाल हुआ तानों में।
बहुत देर लगी
लेकिन फिर समझ आया —
दुश्मन English नहीं थी।
दुश्मन वो डर था
जो लोगों ने उसके नाम से हमारे अंदर भर दिया था।

अब तो बड़ी अपनी सी लगती है English।
आखिर भाषा ही तो है।
लेकिन पता नहीं क्यों
हम उसे दुश्मन...
या कोई दानव बना देते हैं।

शायद इसमें
उन लोगों का भी बड़ा हाथ होता है
जो आपकी चिंता तो करते हैं...
लेकिन आपको
किसी ना किसी से पीछे देखना भी
कभी बंद नहीं करते।

इन सबके बीच
बहुत पीछे छूट जाने का डर
मुझे भी था।
और सच कहूँ तो
मैं कई जगह पीछे रह भी गया।
लेकिन cricket ने
एक चीज़ सिखाई। हर पारी के अंत में
कुछ तेज़ runs बन ही सकते हैं।
अगर wickets बची हों...
तो मैच कभी पूरी तरह खत्म नहीं होता।
बस वही करना था मुझे भी।
ज़िंदगी के कई हिस्सों में
तेज़ भागना पड़ा।
कई बार सफल रहा।
कई बार विफल।
लेकिन फिर खुद से यही कहा —
"इस बार जल्दी runs बनाने के चक्कर में out हो गया..."
"कोई बात नहीं।
फिर से शुरुआत करते हैं।"
मुझे ज़िंदगी में
बहुत देर से समझ आया
कि लड़ाई किसी और से नहीं... खुद से है।

हालाँकि cricket में
ये बात बहुत पहले समझ आ गई थी।
शायद इसी वजह से
cricket वाले तानों ने
मेरी technique पर कभी असर नहीं डाला।

पैसे कितने ज़रूरी होते हैं...

"ये सबसे बेहतर
वही समझ सकता है
जिसने कुछ खोया हो
सिर्फ पैसों की वजह से।"

इन पैसों ने
हर जगह अपनी छाप छोड़ी थी।
मेरी कभी
पैसों से दोस्ती नहीं रही।
ना बहुत पैसे कमाने की चाह।
पर अपने लोगों के लिए
पैसों से दोस्ती करना
ज़रूरी लगने लगा था।

"और इस सोच पर
मुहर तब लगी
जब छोटी बहन
खुद बाहर रहकर
6000 की salary में भी
पैसे बचाकर
मुझे भेजा करती थी।"

उस वक्त
रकम बड़ी नहीं लगती थी...
लेकिन उसका भरोसा
बहुत बड़ा लगता था।
हाँ...

इन 8–10 सालों में
बहुत हिसाब लगाए हैं मैंने।

ज़िंदगी के बहुत run-rates जोड़े हैं।

लेकिन ये एक हिसाब
आज तक समझ नहीं आया।

जो समझ आया
वो बस इतना था –
पैसे कितने कमाने हैं
ये भले तय ना हो...
लेकिन अपनों के लिए
बचाने बहुत हैं।
ठीक वैसे ही
जैसे cricket में
batting या bowling
हर बार आए ना आए...
लेकिन fielding
आपसे कोई नहीं छीन सकता।
और आप
हर मैच में
अपनी team के लिए
कुछ runs बचा ही सकते हो।
कभी run-out से।
कभी catch से।
और कभी
बस पूरी जान लगाकर।

10

एक भारी सी चुप्पी

कुछ चीज़ें धीरे-धीरे टूटती हैं।
इतनी धीरे कि शुरुआत में हमें एहसास भी नहीं होता।

मेरे साथ भी शायद ऐसा ही हुआ था।

चीज़ें हर बार इतनी खराब भी नहीं होती थीं, लेकिन मेरा मन उन्हें बहुत अलग तरह से लेने लगा था। और मैं उन सबके बीच जैसे रुकता जा रहा था।

हाँ, हालात आसान नहीं थे।

College, fees, घर, भविष्य, उम्मीदें... और खुद से हर रोज़ हारते जाने का डर। सब एक साथ मिलकर कुछ ऐसा बना रहे थे जिसका नाम मुझे तब शायद नहीं पता था... लेकिन आज जानता हूँ — वो depression था।
हालाँकि मैं यहाँ इस विषय पर बहुत बातें नहीं करना चाहता।

> ***अजीब बात ये थी कि आप सब कुछ जानते हो।***
> ***क्या करना है, कैसे करना है, क्या बदलना है... सब।***
> ***लेकिन कुछ हो ही नहीं पाता। और जब नहीं हो पाता तो इंसान खुद को हारता हुआ देखने लगता है। फिर एक समय के बाद खुद को हारता हुआ देख-देख कर***

वो सच में हार जाता है।

वक्त के साथ मेरे अंदर एक भारी सी चुप्पी भरने लगी थी।

कमरा खराब नहीं था। जगहें भी नहीं।
असल में मेरे अंदर ही कुछ ठीक नहीं चल रहा था।
इसलिए कुछ भी, कहीं भी ठीक नहीं लगता था।

हालात ऐसे होते जा रहे थे कि समझना मुश्किल था क्या चल रहा है, कैसे चल रहा है, या सच में कुछ चल भी रहा है या नहीं।

नींद का भी अब कोई तय समय नहीं था।
भूख भी कई बार बस आदत भर रह जाती थी।

लोगों से बात करना बहुत कम हो गया था।
और जब करता भी था तो बिना मन के।
जैसे बातचीत नहीं... बस औपचारिकता निभा रहा हूँ।

शायद क्योंकि मैं लगभग पूरी ज़िंदगी ही सबसे बहुत कुछ छुपाता आया था। और अब ये सब भी छुपा रहा था।

कुछ महीनों तक घर पर रहा। अपनों के साथ।
वक्त दिया खुद को।
चीज़ें पूरी तरह ठीक तो नहीं हुईं... लेकिन दब जरूर गईं।
और फिलहाल इतना भी काफी लग रहा था।

इसी बीच social media हमेशा के लिए बंद कर दिया।
क्योंकि आप जिस चीज़ से दूर भाग रहे होते हो ना... social media बार-बार वही चीज़ आपको दिखाता रहता है। और इंसान एक loop में फँसता चला जाता है।

लेकिन कहानी यहीं खत्म नहीं हुई थी।

Job के बाद अकेलापन आया। और ऐसा अकेलापन जो अपने साथ दबा हुआ <u>depression</u> भी वापस ले आया।

एक छोटा सा कमरा। उसमें अकेला मैं।
इतना अकेला कि कई बार शीशे में खुद को देखकर यकीन करता

था कि — हाँ, कोई रहता है यहाँ। जो अभी भी जी रहा है। अपने लिए... या अपनों के लिए। लेकिन जी जरूर रहा है।

मुझे याद नहीं था कि आखिरी बार खुलकर हँसा कब था।
और ये बात इतनी आम हो गई थी कि office के लोगों ने भी notice करना शुरू कर दिया था।

कई रातें छत पर गुजारी हैं मैंने।
जहाँ से एक बड़ा सा ground बहुत पास दिखता था।
लेकिन मैं इतना अकेला, इतना थका हुआ, इतना अंदर से बुझा हुआ था... कि office जाते समय वो रास्ते में पड़ने के बाद भी करीब 8 महीनों तक उस ground के रास्ते नहीं गया।

कभी-कभी ज़िंदगी में सबसे ज़्यादा शोर... चुप्पी करती है।

11

वापसी सिर्फ ground पर नहीं हुई थी

वक्त की एक अच्छी बात हमेशा रही है — वो बदलता जरूर है।

और शायद मेरे लिए भी बदलाव वहीं से शुरू हुआ जहाँ से अक्सर होता था... *cricket* से।

एक रात ऐसे ही लेटा हुआ था। उन्हीं सब विचारों में, उसी भारीपन में।
तभी अचानक मन में आया — कुछ तो करना होगा।
हर बार एक ही जगह फँसे रहना मुझे कभी पसंद नहीं था। ठीक वैसे ही जैसे cricket में हर बार एक ही तरह out होना पसंद नहीं था।

उसी रात एक tournament का advertisement दिखा।
पता नहीं क्यों, लेकिन बिना ज्यादा सोचे registration कर दिया।

शायद वापसी वहीं से शुरू हुई थी।

फिर office के लोगों के साथ खेलना शुरू किया।
फिर दोस्तों के साथ।
और धीरे-धीरे फिर वही पुरानी कहानी शुरू हो गई — खेलने के लिए कहीं भी चले जाना, बस एक मैच और खेलने के लिए तैयार रहना।

लेकिन इस बार एक चीज़ अलग थी।

इस बार आज़ादी थी।

अब घर पर झूठ बोलकर नहीं जाना पड़ता था।
अब डर नहीं था कि कोई रोकेगा।
अब बस खेलना था... सिर्फ खेल को जीना था।
बिना किसी बोझ के।
बिना किसी उम्मीद के नीचे दबे हुए।

"शायद इसलिए इस बार cricket बहुत जोर से वापस आया था।
जैसे वो मुझे कुछ बनने नहीं... सिर्फ जीने देने आया हो।
धीरे-धीरे हालात भी बदलने लगे।
अब रातें कमरे में कम और ground में ज्यादा बीतने लगी थीं।"

अजीब बात ये थी कि अकेला अब भी था मैं...
लेकिन अब उस अकेलेपन में घुटन कम थी।

मैं मगन रहने लगा था।

खुद में।
***Cricket** में।*
शिव में।

Phone कई-कई घंटों तक चलता रहता था, लेकिन बिना social media के।
न किसी से लगातार बातें, न दिखावा, न comparison।
बस घर पर थोड़ी बात, cricket videos, cricket games... और spotify पर शिव।
बहुत बदल गया हूँ मैं उन दिनों के बाद।
शायद अकेलापन इंसान को सबसे पहले अपनी कीमत समझाता है।
जब आसपास कोई नहीं होता, तब धीरे-धीरे इंसान खुद का साथ देना सीखता है।
और शायद मेरे साथ भी वही हुआ।
वापसी सिर्फ ground पर नहीं हुई थी...
मैं धीरे-धीरे खुद तक भी वापस लौट रहा था।

12

एक नौकरी मेरी भी है

Job मिलना अपने आप में एक कहानी थी। जिस वक्त लोगों की jobs Covid की वजह से जा रही थीं, उस वक्त मैं नौकरी ढूँढ रहा था। थोड़ा वक्त लगा, लेकिन आखिरकार एक नौकरी मिल गई।

पहली salary शायद हर इंसान के लिए खास होती है। मेरे लिए भी थी। लेकिन excitement से ज्यादा उसमें सीख छुपी हुई थी। क्योंकि salary बहुत बड़ी नहीं थी, लेकिन उसे इस्तेमाल कैसे करना है, ये यहीं से शुरू हो रहा था। शायद अब सच में जिम्मेदार हो रहा था मैं।

Salary आना बहुत कुछ बदल देता है। आपके account से पैसे सिर्फ जाते नहीं हैं, आते भी हैं। वो भी बिना माँगे। वरना हर बार घर से पैसे माँगना, जब पता हो कि वो कुआँ पहले से ही सूखा है... उसमें बाल्टी उतारकर भी क्या ही मिलेगा। सिर्फ गहराई का शोर।

धीरे-धीरे समझ आने लगा था कि salary कितनी है उससे पहले जरूरी ये है कि उसे संभालना आता है या नहीं। अगर इंसान कम पैसों में भी टिकना सीख जाए, तो बहुत जल्दी घर से पैसे माँगने की जगह घर पैसे भेजने लायक हो जाता है। और शायद मैं भी वही करने की कोशिश कर रहा था।

आप helpless महसूस करना धीरे-धीरे बंद कर सकते हो। आप चीज़ों को ठीक करने की कोशिश कर सकते हो। धीरे ही सही... लेकिन कर सकते हो।

लेकिन कुछ चीज़ें दिमाग में घर कर जाती हैं। पैसों की कमी मेरे लिए शायद वैसी ही रही। Salary आई, salary बढ़ी भी। लेकिन खुद पर खर्च करना आज तक

ठीक से नहीं सीख पाया हूँ। शायद कुछ निशान अंदर से बहुत ठोस हो जाते हैं। हालाँकि कोशिश कर रहा हूँ... धीरे-धीरे ये निशान भी मिट ही जाएगा।

वैसे भी ये कहानी कोई जीत की कहानी थोड़ी है। ये कहानी तो ना हार मानने की है। ये कहानी तो जिंदा रहने की है। और कोशिश... वो तो हर बार करनी ही पड़ेगी।

जिम्मेदारी cricket में मुझे बहुत पहले मिल गई थी। धीरे-धीरे मज़ा भी आने लगा था जिम्मेदारी में खेलने का। बस वही आदत जिंदगी को भी लग गई। और जिंदगी में मज़े आए या नहीं... जिम्मेदार बनना तो पड़ता ही है।

पैसों की कमी जाते-जाते जाती है। और शायद बहुत लोगों के लिए कभी जाती भी नहीं। लेकिन उससे अपने ऊपर हावी ना होने देना उससे भी मुश्किल बात है। क्योंकि कुछ समय पहले तक ये पैसे भी नहीं थे। अब वो कम सिर्फ इसलिए लगते हैं क्योंकि कोई साथ वाला आपसे ज्यादा कमा रहा है।

लेकिन हर जिंदगी हर पारी की तरह अलग होती है। और हर परिस्थिति हर pitch की तरह। किसी की pitch सपाट होती है, किसी की टूटती हुई, किसी की गीली, किसी की उछाल भरी। लेकिन खेलना सबको वहीं पड़ता है।

शायद इसलिए धीरे-धीरे जिम्मेदारियों को नया सपना बना लिया। जरूरतों को नया शौक। और इस तरह एक नया मैं उसी जिंदगी को एक नए मोड़ से देखना सीख रहा था।

उन्हीं दिनों कभी खुद के लिए लिखा था –

" "इतनी बुरी भी नहीं है,
माना बहुत बड़ी नही है,
माना बहुत सही नहीं है,
हा ये भी मान लिया बहुत अच्छी नहीं है,
पर इतनी बुरी भी तो नहीं है, एक नौकरी मेरी भी है।
माना ये मेरे ख्वाबों वाली नहीं है,
माना ये मेरी ख्वाहिशें क्या जरूरतें भी पूरी नहीं करती है,
हा ये भी मान लिया बहुत आगे जाने की उम्मीद नहीं है,
पर इतनी बुरी भी तो नहीं है, एक नौकरी मेरी भी है।
माना ये मेरी जरूरतों का फायदा उठाने वाली है,
माना इसने मेरे साथ सब सच नहीं कहा,
हा ये भी मान लिया बहुत सही नहीं नहीं किया है मेरे साथ,
पर इतनी बुरी भी तो नहीं है, एक नौकरी मेरी भी है।।" "

और फिर वक्त के साथ एक और बड़ा फैसला लिया। Comfort zone से बाहर निकलने का। Risk लेने का। शायद खुद को फिर से एक नई मुश्किल में डालने का।

तब लिखा था –

"*"जग हारने निकला हु........*
एक दुनिया जीत के, जग हारने निकला हु।
सबको बता के, सबकुछ भुला के, सब जानने निकला हु।
सबको बता के, सबकुछ भुला के, फिरसे सब जानने निकला हु।
यादों में कई ख्वाब सजा के, सब उजाड़ने निकला हु।
एक दशक की मुसीबतों से पार पा के, नई मुसीबतों में डूबने निकला हु।
एक दशक की मुसीबतों से पार पा के, फिरसे मुसीबतों में डूबने निकला हु।
एक दुनिया जीत के, फिरसे जग हारने निकला हूँ।""

13

कुछ सपने पूरे नहीं होते... फिर भी खूबसूरत रहते हैं

हर सपना
पूरा होने के लिए नहीं आता।

कुछ सपने
बस हमें बदलने आते हैं।

कभी-कभी मैं सोचता हूँ
अगर उस समय
थोड़े और पैसे होते...
थोड़ा और साथ होता...
या शायद थोड़ा और समय...

तो क्या मैं सच में
cricket को वहीं तक ले जा पाता
जहाँ तक ले जाना चाहता था?
लेकिन फिर
एक दूसरा सवाल भी आता है —
अगर सब पूरा हो जाता
तो क्या मैं वही इंसान होता
जो आज हूँ?
शायद नहीं।
अब पीछे मुड़कर देखता हूँ
तो अधूरेपन से
शिकायत कम होती है।
क्योंकि कुछ चीज़ें
मुझे मिली नहीं...
लेकिन उन्होंने
मुझे बनाया बहुत है।

Cricket शायद
मेरे हिस्से में
profession बनकर नहीं आया।
लेकिन जो बनकर आया
वो उससे कहीं बड़ा था।
उसने मुझे
धैर्य दिया।
साहस दिया।
हारकर फिर खड़े होना सिखाया।
चुप रहकर लड़ना सिखाया।
और सबसे जरूरी — उसने मुझे
खुद के साथ रहना सिखाया।
कुछ grounds
अब भी याद आते हैं।

कुछ matches भी।
कुछ लोग भी।
कुछ आवाज़ें भी।

"लेकिन अब
उन सबको याद करके
पहले जैसी बेचैनी नहीं होती।
शायद इसलिए क्योंकि
अब समझ आने लगा है कि
हर चीज़ का हमेशा हमारे पास रहना जरूरी नहीं होता।"

कुछ चीज़ें
बस एक समय तक
हमारे साथ चलती हैं...
और फिर
हमें थोड़ा मजबूत बनाकर
चुपचाप आगे बढ़ जाती हैं।

पहले लगता था
कि सपनों का पूरा ना होना
हार होती है।
लेकिन अब लगता है —
कई बार
सपनों का अधूरा रह जाना भी
हमें बहुत कुछ दे जाता है।
इतना
कि पूरी हुई कई चीज़ें भी
शायद ना दे पातीं।
मुझे आज भी
cricket से प्यार है।
शायद पहले से भी ज्यादा।

"फर्क बस इतना है कि
अब उसे पकड़कर रखने की बेचैनी नहीं है। अब वो
मेरी जिंदगी का हिस्सा है...
मेरी जिंदगी नहीं।"

और शायद
यही बड़ा होना होता है।
धीरे-धीरे ये समझना कि
हर चाहत का
मंजिल बन जाना जरूरी नहीं होता।
कुछ चाहतें
सिर्फ रूह में बस जाने के लिए होती हैं।
और फिर
उम्र भर
अंदर कहीं
धीरे-धीरे महकती रहती हैं।

14

जिंदगी की दूसरी पारी अभी बाकी है

बहुत समय तक
मुझे लगता था कि जिंदगी
बस वही है
जो अभी चल रही है।

अगर अभी कुछ छूट गया
तो शायद हमेशा के लिए छूट जाएगा।
अगर अभी पीछे रह गया
तो शायद हमेशा पीछे ही रह जाऊँगा।

लेकिन वक्त...
धीरे-धीरे बहुत कुछ सिखा देता है।

मैंने भी बहुत बार ऐसा महसूस किया था।
जब कुछ हाथ से निकला, तो लगा सब निकल गया।
जब कोई सपना अधूरा रह गया, तो लगा शायद अब कुछ बचा ही नहीं।

लेकिन वक्त के साथ एक बात समझ आई — जिंदगी किसी एक दिन, एक फैसले या एक हार से तय नहीं होती।

कुछ चीज़ें मेरी जिंदगी में वैसी नहीं हुईं जैसी मैं चाहता था। Cricket को जिस जगह तक देखता था, वहाँ तक नहीं ले जा पाया।

कुछ मौके आए भी, लेकिन रुक गए।
कुछ रास्ते मेरे सामने खुलते-खुलते बंद हो गए।

पहले इन बातों का वजन बहुत महसूस होता था।
अब उतना नहीं होता।

क्योंकि अब लगता है कि हर अधूरी चीज़ सिर्फ दुख नहीं देती... कुछ चीज़ें इंसान को गहराई भी देती हैं।

मैं आज भी जब किसी ground के पास से गुजरता हूँ, तो कदम थोड़े धीमे हो जाते हैं।
कहीं match चलता दिख जाए तो कुछ देर रुकने का मन करता है।
अब भी commentary सुनते हुए कई बार ऐसा लगता है जैसे अंदर कुछ पुराना फिर जाग गया हो।

फर्क बस इतना है कि अब उन एहसासों में बेचैनी कम है।

अब cricket को पकड़कर रखने की कोशिश नहीं करता।
उसे बस अपने साथ रखता हूँ।

जिंदगी ने एक चीज़ और सिखाई — हर इंसान का समय अलग होता है।

कुछ लोग बहुत जल्दी अपनी जगह बना लेते हैं।
कुछ लोगों को देर लगती है।
कुछ लोग रास्ता बदल लेते हैं।
और कुछ लोग चलते-चलते खुद ही बदल जाते हैं।

मैं शायद आखिरी वाले लोगों में रहा।

अब जीत का मतलब भी बदल गया है।

> ***"पहले लगता था कि जीत वही है जहाँ लोग ताली बजाएँ, नाम याद रखें, या जिंदगी बिल्कुल वैसी हो जाए जैसी हमने सोची थी।***
>
> ***लेकिन अब लगता है कि कई बार सिर्फ टिके रहना भी बहुत बड़ी बात होती है।"***

थक जाने के बाद अगले दिन फिर उठना...
डर के बावजूद कोशिश करते रहना...
अंदर से टूटे होने पर भी अपनों के लिए खड़े रहना...

ये भी छोटी जीतें नहीं होतीं।

मैंने जिंदगी को अब थोड़ा कम साबित करना शुरू किया है... और थोड़ा ज्यादा जीना।

अब हर चीज़ का जवाब चाहिए भी नहीं होता।
कुछ बातें समय पर छोड़ देना बेहतर लगता है।

क्योंकि हर सवाल का जवाब मिल जाए, ऐसा जरूरी नहीं।
और हर जवाब मिलने के बाद भी इंसान पूरी तरह समझ जाए जिंदगी को... ऐसा भी नहीं होता।

आज भी बहुत कुछ सीखना बाकी है।
गलतियाँ अब भी होती हैं।
डर अब भी लगता है।
भविष्य आज भी कई बार धुंधला लगता है।

लेकिन अब खुद को देखकर इतना जरूर लगता है कि चाहे जैसे भी हालात रहे हों... मैंने कोशिश करना नहीं छोड़ा।

और फिलहाल, शायद इतना काफी है।

ये कहानी पूरी नहीं हुई है।
क्योंकि मैं अभी जी रहा हूँ।
अभी सीख रहा हूँ।
अभी बदल रहा हूँ।

और शायद...

अभी खुद को लिख ही रहा हूँ।

पाठकों के नाम एक चिट्ठी

अगर आप यहाँ तक पहुँचे हैं...
तो सबसे पहले, शुक्रिया।

इस किताब को लिखते समय कई बार ऐसा लगा जैसे मैं कोई कहानी नहीं, बल्कि खुद को समझने की कोशिश कर रहा हूँ। कई पन्नों पर शब्द बहुत जल्दी आ गए... और कई पन्नों पर घंटों सिर्फ खामोशी बैठी रही।

मैं कोई बहुत बड़ा लेखक नहीं हूँ।
ना ही मैंने जिंदगी के सारे जवाब ढूँढ लिए हैं।
मैं तो बस वो इंसान हूँ जिसने अपनी जिंदगी के कुछ हिस्सों को ईमानदारी से लिखने की कोशिश की है।

इस किताब में जो कुछ भी है —
वो किसी hero की कहानी नहीं है।
ये बस एक ऐसे इंसान की कहानी है जिसने कई बार टूटकर भी कोशिश करना नहीं छोड़ा।

Cricket, घर, जिम्मेदारियाँ, डर, अकेलापन, सपने, अधूरेपन का एहसास...
इन सबके बीच जो कुछ सीखा, वही इन पन्नों में उतरता चला गया।

हो सकता है मेरी कहानी आपसे बिल्कुल अलग हो।
लेकिन अगर इस किताब के किसी हिस्से में आपको अपना कोई एहसास, अपना कोई डर, अपना कोई सपना या अपनी कोई चुप्पी दिखाई दी हो...
तो शायद लिखना सफल रहा।

और अगर इस किताब ने आपको बस इतना याद दिलाया हो कि —
"हर इंसान अपनी-अपनी pitch पर खेल रहा है"
तो भी मुझे लगेगा कि ये सफर बेकार नहीं गया।

ये कहानी अभी पूरी नहीं हुई है।
क्योंकि जिंदगी अभी चल रही है।
मैं अभी सीख रहा हूँ।
अभी बदल रहा हूँ।
और शायद... अभी खुद को लिख ही रहा हूँ।

आपका बहुत-बहुत धन्यवाद
इस सफर में मेरे साथ चलने के लिए।

— शिवांशु मिश्रा

आपकी बात...

अगर इस किताब के किसी हिस्से में
आपको अपना कोई टुकड़ा मिला हो...
अगर किसी पन्ने ने आपको
कुछ देर के लिए रोक लिया हो...
या किसी लाइन ने आपको
अपने बारे में सोचने पर मजबूर किया हो...

तो उसके बारे में जरूर लिखिएगा।

क्योंकि कई बार
एक पाठक का एक छोटा सा message भी
किसी लेखक के लिए
पूरी किताब जितना मायने रखता है।

आप इस किताब से जुड़ी अपनी तस्वीरें, thoughts या पसंदीदा lines share कर सकते हैं।

E-mail: shadesoflovepain@gmail.com

Instagram: @shades_of_love_painand_healing

You may also read:

Shades of Love, Pain and Healing

Shades of Love, Pain and Healing

www.ingramcontent.com/pod-product-compliance
Lightning Source LLC
LaVergne TN
LVHW090332210926
848480LV00004B/1383
* 9 7 9 8 9 0 4 7 9 6 9 3 8 *